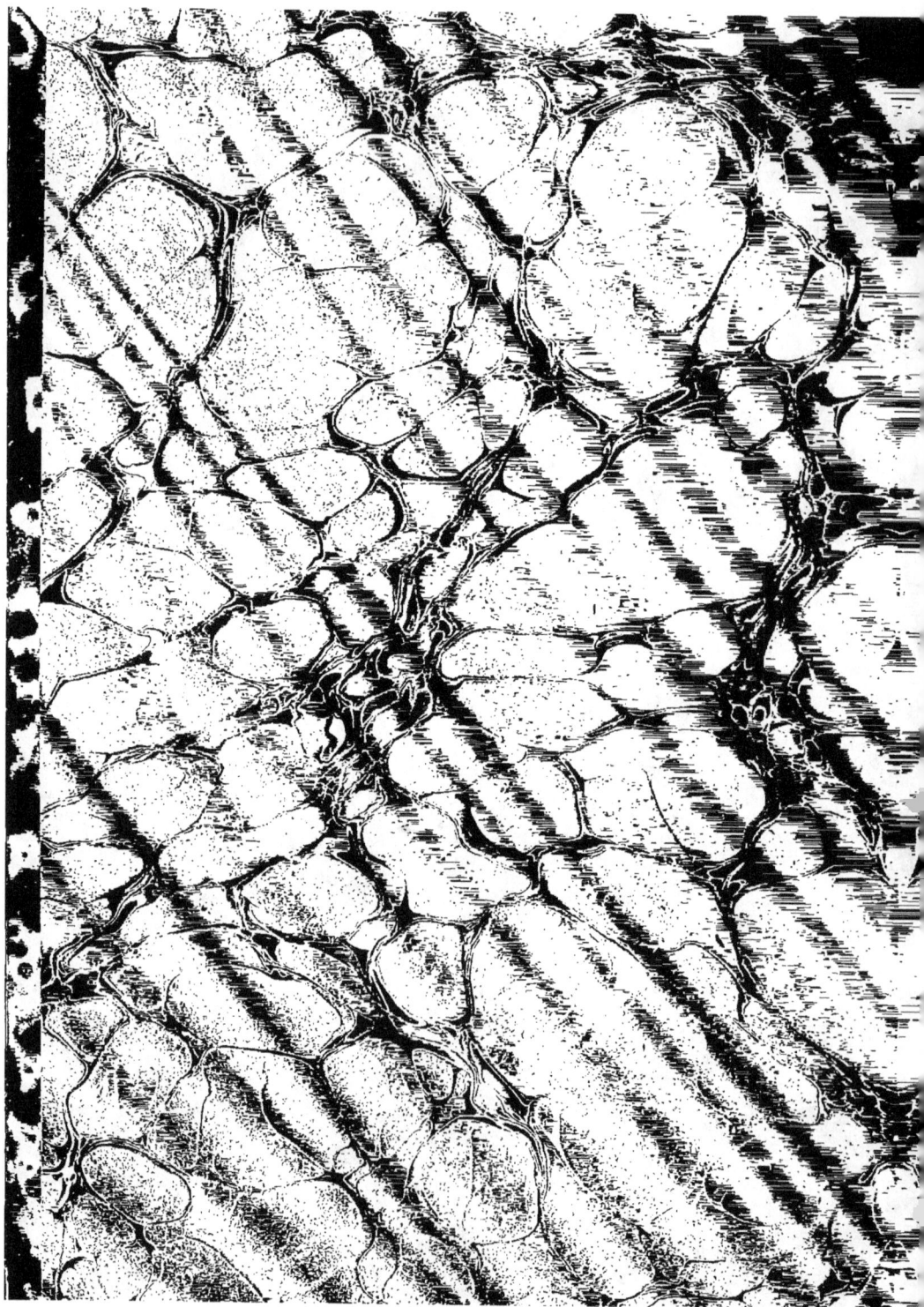

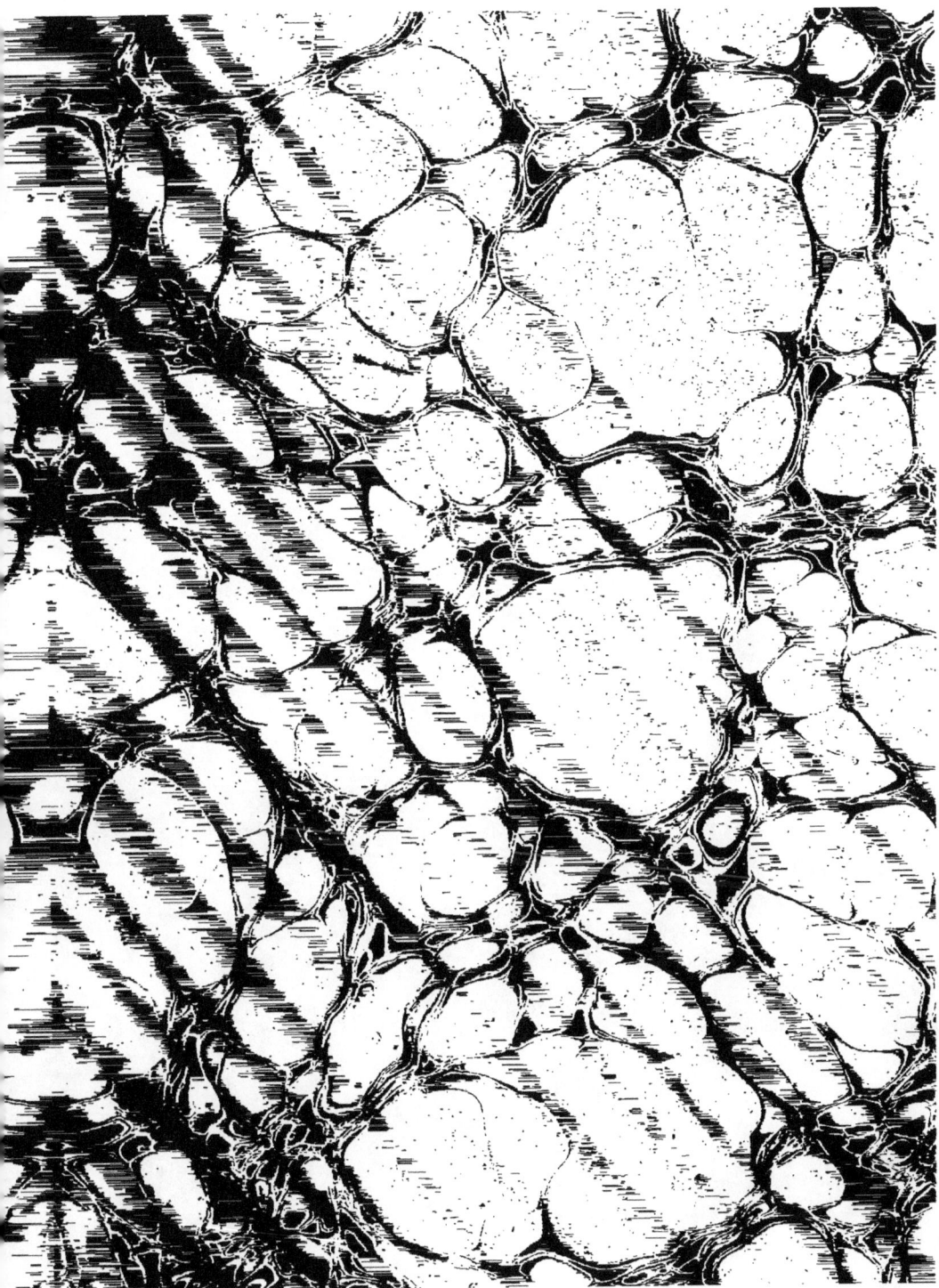

T.b 29

T. 3362.

HISTOIRE

DES PENCHANS ET DES SENTIMENS

DE L'HOMME.

FONDERIE POLYAMATYPE DE MARCELLIN-LEGRAND, PLASSAN ET C͏ᴵᴱ.

IMPRIMERIE DE PLASSAN ET C͏ᴵᴱ, RUE DE VAUGIRARD, N° 15.

MR LE DR GALL.

HISTOIRE

DES PENCHANS ET DES SENTIMENS

DE L'HOMME,

D'après la doctrine de Gall;

Par L. Ch.

ORNÉE DE VINGT PORTRAITS

Paris.

Louis Baume, Éditeur,

RUE RACINE, N° 5, PRÈS LA PLACE DE L'ODÉON.

—

1829.

INTRODUCTION.

On peut considérer la lecture de cet opuscule comme étant une étude préparatoire et indispensable à celle de la science de l'homme moral et intellectuel.

Ses divisions, quoiqu'abrégées, comprennent la généralité de la doctrine du docteur Gall sur ce vaste et important sujet, qui deviendra la base de toutes les philosophies humaines.

D'autres auteurs avant Gall paraissent avoir eu des idées sur le système de la pluralité des organes, mais incomplètes; et comme une invention ou une doctrine n'appartient qu'à celui qui sait l'entourer de toutes ses preuves et l'embrasser dans ses applications, l'honneur, disons mieux, la gloire de celle-ci est due tout entière au docteur Gall, qui, persévérant et infatigable dans ses recherches, a travaillé quarante ans à la statue que lui réserve la postérité reconnaissante.

Nous osons nous flatter que les gens du monde, pour qui, principalement, nous avons entrepris cet ouvrage, nous en sauront quelque gré : le goût de l'étude, inoculé pour ainsi dire à la génération actuelle, a modifié la nature des rapports de la société. Il n'est plus permis d'être étranger ni aux sciences ni aux arts qui considèrent la vie intérieure et extérieure de l'homme; on ne tient compte que du talent, et la gloire militaire elle-même, tombée du faîte où l'enthousiasme l'avait placée, n'est rien si l'instruction ne vient la rehausser en lui prêtant son éclat. Les conversations n'ont plus le même degré de frivolité que par le passé; elles étendent leurs limites sur le domaine de toutes nos connaissances; on dirait même que la littérature est abandonnée à la popularité, et que, dans les classes lettrées, on se plaît davantage à s'entretenir sur des sciences particulières.

La brillante théorie du docteur Gall jouit, par-dessus toutes les autres, du privilége d'intéresser le public; mais jusqu'ici on ne pouvait guère en parler que d'après une sorte de tradition, ou sur les détails qu'en donnaient quelques rares initiés. L'étendue de l'ouvrage original, sa technologie, étaient autant d'obstacles qui entravaient sa publicité, et qu'ici nous nous sommes efforcés d'éviter.

HISTOIRE

DES

PENCHANS ET DES SENTIMENS

DE L'HOMME.

~~~~~~

CHAPITRE PREMIER.

> O toi, qui le premier portas la lumière au milieu des
> ténèbres pour éclairer l'homme sur ses vrais interêts,
> je suis tes pas : non comme ton rival, mais comme ton
> disciple . . . .
>
> LUCRÈCE, liv. III.

C'est pour la classe éclairée du public mais étrangère
à l'anatomie et à la physiologie, que nous entreprenons
un rapide résumé de la doctrine du docteur Gall, dont la
renommée a plus d'une fois excité sa curiosité, mais que
le philosophe allemand lui avait pour ainsi dire soustraite,
en la publiant riche de science et de hautes spéculations, rendant ainsi la lecture de ses découvertes plutôt
un travail pénible qu'un délassement.

Ce ne fut donc que parmi les médecins, les savans ou
ceux qui croyaient l'être, que Gall trouva des lecteurs :

1

ce qui explique le peu de popularité qu'acquirent d'abord ses révélations sur l'origine des qualités morales et des facultés intellectuelles de l'homme. Des obstacles de toute sorte s'élevaient : la puissance de l'habitude, le scepticisme de l'ignorance, et, il faut le dire, la jalousie, qui, trempant sans cesse sa plume de fer dans le fiel, enfantait des critiques sans nombre.

Ces écrits, dans la plupart desquels la malignité criait au matérialisme et au fatalisme, furent poussés jusqu'au trône de l'empereur d'Autriche, dont l'âme, inébranlée jusqu'alors par plusieurs années d'une guerre malheureuse, ne put se défendre d'une vive terreur. Un édit fut aussitôt rendu, dans le but d'avertir des périls auxquels on était exposé par la publication de la nouvelle doctrine. Remarquable exemple de l'amour d'un souverain pour la vertu et la piété de ses sujets !

Mais comment concevoir et justifier une semblable alarme, puisque la théorie du matérialisme paraît être tout ce que redoutait le conseil du prince, et que la nouvelle doctrine y tend moins que toutes les autres théories du cerveau qui ont été enseignées de temps immémorial sans la moindre crainte de la pénalité des édits royaux. Sa majesté impériale avait cependant de fréquentes occasions, que les armées françaises lui fournissaient, de mieux apprécier la doctrine contre laquelle elle exerçait toute l'influence de la force. Elle devait avoir la preuve qu'un homme n'était guère en état de marcher, de charger son arme et de faire feu sur l'ennemi, quand préalablement il avait laissé sa tête derrière lui, et Gall ne disait autre chose, sinon que, sans la tête, l'homme ne pouvait ni penser, ni agir.

L'esprit d'opposition qui sévissait alors contre l'illustre Gall est le même qui trouve trop pénible de faire dépendre de l'organisation les fonctions de l'âme; c'est celui qui donne à l'âme un pouvoir illimité sur le corps, et pour qui sont nuls les exemples des idiots, des crétins, des hydrocéphales et des aliénés.

Il eût fallu, pour être constant dans la persécution, que le même édit qui fermait le cours du docteur Gall eût prohibé toute médecine, qu'il eût mis à l'index tous les traités des narcotiques, qu'il eût interdit les apothicaires, voire même tous les taverniers de Vienne, car, si une doctrine qui se borne à établir que c'est par l'énergie de certaine partie du cerveau que nous pensons et que nous imaginons, est dangereuse, il est évidemment plus dangereux encore de laisser exister publiquement des lieux où la mémoire, l'imagination et le jugement peuvent être excités ou endormis soit par quelques verres de spiritueux, soit par quelques grains de laudanum.

Une autre cause s'opposait encore fortement à la popularité de cette doctrine, et jaillissait de sa nature même : si l'auteur s'était borné à émettre des idées générales, il aurait eu un plus grand nombre de disciples; s'il avait dit, par exemple, que l'énergie des différentes parties du cerveau est en rapport proportionnel avec leur volume, chaque lecteur aurait pu alors déterminer lui-même, à son gré, son propre penchant, son goût, ou son talent; il aurait attribué à telle ou telle proéminence telle qualité qu'il aurait le plus estimée, et n'aurait pas manqué de découvrir quelques cavités propices pour y cacher ses mauvaises dispositions. Mais quel espoir qu'une doctrine acquière des partisans, quand il suffit de porter la main à la tête pour qu'aussitôt l'on soit averti de son manque de goût, de pouvoir ou de vertu!

Beaucoup de philosophes anciens semblent avoir eu le pressentiment de la doctrine de Gall, en admettant des siéges distincts aux différentes facultés morales et jusqu'à nos passions mêmes. D'après eux le courage occupait le cœur, la colère le foie, la joie la rate, etc., et ils multipliaient nos âmes à l'infini; il suffisait qu'ils aperçussent un rapport intime entre un organe et quelque ordre de fonctions animales.

Hippocrate, dans un de ses traités, met l'âme dans le cerveau, et Mallebranche, dont l'imagination scintille parfois au milieu de son siècle comme une brillante étoile au milieu des ténèbres, Mallebranche assure que chaque sensation fait une trace dans un point déterminé du cerveau, et que la mémoire est le reflet de cette trace; en d'autres termes, c'est admettre des organes cérébraux distincts, et les multiplier même d'une manière remarquable.

Albert-le-Grand, archevêque de Ratisbonne, dans le treizième siècle, dessinait une tête et y indiquait le siége des différentes facultés de l'esprit (1).

Chaque fonction a son instrument, c'est-à-dire son organe propre et différent, au moyen duquel il s'exerce. Le cerveau sécrète la pensée de même que le foie sécrète la bile, les parotides la salive, les muscles déplacent le

(1) Pierre de Montagna, en 1491, publia un ouvrage, et représenta sur une tête le siége du *sensus communis*, une *cellula imaginativa*, *cellula æstimativa*, seu *cogitativa*, *cellula memorativa*, et *cellula rationalis*.—*Ludovico Dolci* fit connaître un dessin semblable, etc., etc.

corps. Cette analogie, tirée de l'ensemble des fonctions de l'économie animale, ne saurait être réfutée. Il s'ensuit que, puisque les idées diffèrent les unes des autres, il doit y avoir divers ordres de sécrétions, et par conséquent des points sécréteurs différens. Telle est en peu de mots la base fondamentale de la doctrine de Gall, que nous ferons connaître au chapitre suivant dans de plus grands détails, et à laquelle il a été conduit par l'observation.

La possibilité de cette doctrine suppose :

« Que les qualités morales et les facultés intellectuelles sont innées;

Que leur exercice ou leur manifestation dépende de l'organisation;

Que le cerveau est l'organe de tous les penchans, de tous les sentimens et de toutes les facultés;

Que le cerveau est composé d'autant d'organes particuliers qu'il y a de penchans, de sentimens, de facultés, qui diffèrent essentiellement entre eux. »

« Une faute capitale, dit Spurzheim, que l'on faisait dans l'étude de l'homme, était de s'imaginer que, pour connaître la nature humaine, il suffisait de méditer dans son cabinet; ce qui conduisait chacun à se prendre pour modèle, et à généraliser ainsi d'après un fait isolé. »

« L'homme est un être créé, et il faut l'étudier comme toute la nature, car il en est le microscome, ou le monde en abrégé (1). Ses propriétés sont communes avec les ani-

_____

(1) Microscome, mot dérivé du grec, que l'on donne à un animal renfermé dans une sorte de coquillage fort dur, recouvert de petites plantes et de petits animaux.

maux, les plantes et les minéraux; son corps, composé
de matière, tend vers le centre de la terre, et il tomberait
ainsi que tout corps inanimé s'il n'était pas soutenu. »

Le docteur Gall sentit cette vérité, et, doué d'une grande
force de volonté, il eut le courage de renoncer à tout ce
qu'il avait appris pour suivre une autre marche dans ses
études et ses recherches; il observa les actions des hommes,
leurs talens et leur caractère, en les comparant avec la
configuration de la tête.

Vivant depuis sa plus tendre jeunesse au sein de sa nom-
breuse famille et au milieu d'un grand nombre de camarades, tous caractérisés par des talens, des facultés particulières, il fut frappé, quoique encore enfant, de la
manière variée dont la nature les avait dotés. Quelques-uns
se distinguaient par la beauté de leur écriture, d'autres
par la facilité du calcul, d'autres par leur aptitude à ap-
prendre ou l'histoire, ou la géographie, ou les langues, etc.

Les condisciples qu'il avait le plus à combattre, ceux
qui apprenaient par cœur avec une très-grande facilité,
et qui lui enlevaient assez souvent la place qu'il avait ob-
tenue par ses compositions, avaient les yeux gros, saillans,
à fleur de tête. Il changea plusieurs fois d'université, et
toujours il rencontra des adversaires redoutables chez
les étudians qui confirmaient cette première observation.
De ce point il conclut que, si la mémoire se reconnaissait
par des signes extérieurs, il en pourrait bien être de
même des autres talens ou facultés intellectuelles. Dès lors
tous les individus qui se distinguaient par une qualité ou
une faculté quelconque devinrent l'objet de son attention
et d'une étude détaillée de la forme de leur tête.

Lorsque plus tard il eut commencé l'étude de la mé-

decine, voyant qu'on lui parlait beaucoup des fonctions des muscles, des viscères, etc., et qu'on ne disait
rien des fonctions du cerveau et de ses diverses parties,
il se rappela ses premières observations, et soupçonna
d'abord que la différence de la forme des têtes est occa-
sionée par la différence de la forme des cerveaux.

Cependant il fut arrêté dans le dessein qu'il avait
formé, de déterminer un jour le rapport des forces morales et intellectuelles avec *l'organisme*, par le souvenir
des leçons qu'il avait reçues dans les écoles, et qui at-
tribuaient toutes nos facultés aux sensations extérieures,
et les différences qui existent entre les hommes, soit à
l'éducation, soit à des circonstances accidentelles. S'il
en est ainsi, se dit-il, il ne peut y avoir des signes extérieurs d'aucune faculté; mais, bientôt dominé par la
force de ses propres observations, il y revint comme
malgré lui : sous ses yeux se trouvaient des camarades,
des condisciples, des frères, des sœurs, qui, tous, avaient
grandi au milieu des mêmes circonstances et d'impressions
analogues, et dont cependant les qualités étaient toutes dis-
semblables. D'un autre côté, ses maîtres attestaient invo-
lontairement le peu de foi qu'ils avaient au système de
l'égalité des facultés, en se croyant en droit d'exiger davantage d'un écolier, et moins d'un autre.

Les animaux lui offraient des occasions non moins fréquentes de se maintenir dans ses premières dispositions :
un chien était presque de lui-même habile à la chasse,
tandis qu'un autre de la même race et de la même portée
ne pouvait être dressé que très-difficilement. Tel oiseau
écoutait avec grande attention l'air qu'on jouait devant
lui, et l'apprenait avec facilité; tel autre de la même cou-

vée, nourri et soigné de la même manière, avait toujours
la tête égarée, et n'apprenait rien hors son chant naturel.

Dans tous les cas, comme on ne pouvait alléguer ni
mauvaise volonté, ni éducation, ni impression différentes,
Gall dut nécessairement en inférer que les penchans et les
facultés des hommes et des animaux étaient innés, et que
l'exercice de nos penchans et de nos facultés était soumis
à l'influence des conditions organiques; de là encore il
fut conduit à voir que les penchans et les facultés étaient
du domaine du physiologiste, et qu'à lui appartenait d'exa-
miner ces organes de l'âme, à déterminer si leur perfection plus ou moins grande entraîne une manifestation
plus ou moins énergique de leurs fonctions; de rechercher
sous quelles conditions le développement plus favorable
des organes cérébraux imprime des signes visibles à la
surface extérieure de la tête; et, enfin, de scruter quelles
sont les parties du cerveau affectées à un penchant, à un
sentiment, à un talent déterminé.

Ce ne fut qu'après avoir accumulé une masse de faits
analogues assez considérable, que le docteur Gall se
sentit en état de les ranger par ordre, et qu'il en aperçut
successivement les résultats. Cependant, dans le choc con-
tinuel des faits avec les idées reçues, il ne savait lequel
écouter, ou la voix simple de la nature, ou les conseils
arrogans des doctrines régnantes. Fallait-il les heurter?
n'était-ce pas une entreprise imprudente de contredire
les anatomistes, les physiologistes, les philosophes, les
métaphysiciens, les jurisconsultes!! L'amour de la vérité
et la conviction de la pureté de ses vues pouvaient seuls
lui inspirer à chaque pas la confiance et la hardiesse né-
cessaires. Rassuré par de tels motifs, il porta toute son

attention à trouver les moyens de rassembler les faits les plus nombreux. Il s'en présenta un des plus efficaces au moment où il y pensait le moins, et qui contribua grandement à perfectionner ses travaux.

Le premier jour de l'an 1805, son père, qui demeurait à Tiefenbrunn dans le grand-duché de Bade, lui écrivit ces mots touchans : « *Il est tard, et la nuit pourrait n'être pas loin ; te verrai-je encore ?* » Aussitôt il quitte ses amis, ses malades, pour se rendre auprès de parens chéris, et profite de cette circonstance pour faire connaître aux savans de l'Allemagne septentrionale ses découvertes. Il avait pris avec lui une partie de sa collection, convaincu que, sans ces preuves palpables, il serait impossible de militer victorieusement contre tant de préventions, de préjugés et d'opinions contraires.

Il reçut partout l'accueil le plus flatteur ; les souverains, les savans, les artistes, secondèrent son dessein dans toutes les occasions ; des invitations sans nombre de la plupart des universités prolongèrent son voyage bien au-delà du terme qu'il avait fixé, et lui donnèrent la facilité d'étudier l'organisation d'un grand nombre d'hommes à talens éminens et d'hommes extrêmement bornés ; il recueillit des faits innombrables dans les écoles, dans les maisons d'orphelins et d'enfans trouvés, dans les hospices des fous, dans les maisons de correction et dans les prisons, dans les interrogatoires judiciaires, et même sur les places d'exécution.

C'est ainsi qu'après avoir usé pendant plus de trente ans de tant de moyens si diversifiés, il ne craignit plus le danger ni le reproche d'avoir précipité la publication de son ouvrage, et qu'il fit connaître cette doctrine qui a introduit de la clarté et de l'harmonie où, jusqu'à présent, il ne régnait que de l'obscurité et des contradictions.

CHAPITRE SECOND.

> On embrasse des erreurs sans réflexion et comme par instinct.............
> On suit des opinions au hasard, par un respect aveugle pour les grands noms qui les ont avancées.....
> BACON.

La plupart des philosophes, à la tête desquels est Lock, Condillac, son émule, ont admis la sensation comme l'origine de notre entendement. M. de Tracy pense que, pour nous, sentir c'est exister, et enfin M. Laromiguière et M. Cardaillac, son suppléant actuel en Sorbonne, affirment que l'*attention*, la *comparaison* et le *raisonnement* sont toutes les facultés qui composent notre âme intelligente. Ils reconnaissent l'action de l'objet extérieur sur le cerveau, et celle du cerveau sur l'âme. Mais qu'importe le nombre des facultés qu'on accorde à l'homme, si elles n'entraînent point les idées de penchant, de disposition? L'observation ne nous démontre-t-elle pas d'une manière incontestable, que, bien que placés sous l'influence d'une éducation semblable, nous naissons avec des caractères différens? Il n'est personne qui, se rappelant ses souvenirs de collége ou d'enfance, ses condisciples soumis à

un plan uniforme d'instruction et de conduite, et par conséquent à des sensations uniformes, ne soit en état de
juger de cette départition variée des talens et des goûts;
les pages de l'histoire signalent une foule d'hommes qui
ont vécu loin du commerce de leurs semblables, et dont
cependant le génie a acquis un très-grand développement
naturel; comment donc comprendre cette théorie de la
sensation, quand on lit dans l'*Essai sur les Tempéramens*,
de Husson, qu'un jeune pâtre de la Lorraine, nommé
Duval, par la seule contemplation des astres, a fait des
progrès si étonnans dans l'astronomie, et a donné des
preuves d'une éloquence si énergique et de connaissances
si variées, qu'elles lui ont mérité la place de bibliothé-
caire de l'empereur François 1er; quand on voit encore
Bourguet, simple potier, s'élever sans effort à une sublime
découverte que M. de Buffon a revêtue ensuite de toute
la pompe de son style dans la théorie de la terre?

Le docteur Gall n'a pu s'en tenir aux classifications
des autres philosophes, il est descendu des hauteurs de
leurs abstractions et des généralités, pour s'occuper des
instincts, des penchans, des aptitudes, des sentimens, des
talens, etc., qui caractérisent les hommes comme individus. De même, lorsque l'on se livre à l'étude des mé-
taux, il ne suffit pas de les considérer sous le point de vue
commun de pesanteur, d'étendue et de porosité, car il
est évident que l'or, l'argent, le plomb se distinguent par
des qualités différentes.

Ainsi la base de sa doctrine, appuyée sur la physiologie
du cerveau, est donc dans l'innéité des dispositions, dans
les aptitudes, les instincts et les penchans déterminés.

Cette innéité, contre l'autorité de Lock, se démontre

particulièrement chez les enfans. « Une chose digne
d'être remarquée, dit Cabanis, ce sont toutes ces passions qui se succèdent chez eux d'une manière si rapide,
et se peignent avec tant de naïveté, tandis que les faibles
muscles savent encore à peine former quelques mouve-
mens indécis, etc. »

Tous les jours dans le monde, on entend parler de talens, de dispositions, d'esprit naturel. Que signifie donc
ce langage, né de l'expérience? n'est-ce pas admettre
l'innéité des facultés? Platon, Hippocrate, Quintilien,
Howe, Harder, et une foule d'autres célébrités historiques,
avouent que nous naissons avec des penchans dont les
traces sont indélébiles. Cette vérité est incontestable,
mais il faut reconnaître encore que leur manifestation
dépend des conditions matérielles de notre organisation,
et ces conditions, ainsi que Gall le démontre merveilleu-
sement, se trouvent dans le cerveau et ses parties, qui,
comme nous l'avons déjà dit, sont les organes de l'intelligence, de même que les muscles sont les organes de la
locomotion, le cœur l'organe du sang (1).

Pour se convaincre que le cerveau est composé d'organes de chaque espèce de sentimens, aussi-bien que
de chaque espèce de sensation extérieure, qu'on s'exa-
mine après une forte méditation continuée sur un même
objet, la fatigue en est le résultat. Change-t-on de sujet
de méditation, on trouve de nouvelles forces, et le travail

(1) On appelle organe la condition matérielle qui rend possible
la manifestation d'une faculté ; les muscles sont les conditions matérielles du mouvement, mais ne sont pas la faculté qui cause le mouvement (Gall).

que l'on prend n'est qu'un délassement. C'est qu'alors l'organe, dont l'excitation a été nécessaire dans la première méditation, a besoin de repos, et que le malaise que nous éprouvons en est l'avertissement, tandis qu'au contraire le plaisir que nous ressentons à changer d'occupation ne provient que de ce que nous nous servons d'un organe tout-à-fait disposé.

La conformation du cerveau, se divisant en deux hémisphères, en plusieurs lobes, et en plusieurs autres parties distinctes par leur forme et leur direction, vient corroborer cette hypothèse : si le cerveau n'était pas ainsi diversement composé, il faut l'avouer et arriver sans biaiser à l'application du principe, l'âme porterait la même facilité dans toutes ses fonctions, et par là le bon mathématicien serait bon poète, et l'on réussirait également bien dans les hautes spéculations de la métaphysique, et dans la peinture ou la musique.

Mais les adversaires de la doctrine de l'innéité des facultés demandent comment on peut comprendre qu'un homme né aveugle puisse avoir l'idée des couleurs, on leur répondra que les sens extérieurs, tels que la vue, l'ouïe, servent à porter à l'intérieur des sensations propres à éveiller l'énergie de nos facultés, et surtout à nous mettre en rapport avec les objets qui sont hors de nous, et qu'ainsi l'aveugle-né pourrait bien avoir le sentiment des couleurs sans pouvoir l'exprimer, faute de connaître la langue dont les autres se servent, c'est-à-dire ce qu'on est convenu d'appeler bleu, vert ou rouge.

L'innéité des penchans, nous le répétons, est donc avérée pour tous ceux qui observent la nature, et la pluralité des organes de l'intelligence au cerveau n'est pas moins palpable. Le docteur Gall, dans son grand ouvrage, a accumulé des faits qui démontrent au doigt par quels chemins il a été conduit à cette découverte.

Le rêve lui a paru concourir puissamment à faire preuve, car si l'organe du cerveau était unique, le rêve n'aurait pas un objet spécial, il faudrait nécessairement alors rêver de tout à la fois. Le rêve établit clairement aussi que les seuls appareils extérieurs des sens ne nous font pas connaître les qualités des corps, puisque nous percevons la lumière sans que l'organe intérieur soit impressionné par le moindre rayon lumineux. Dans le somnambulisme il n'y a aucun des organes qui soit éveillé, et l'innéité des facultés seules peut expliquer ce phénomène; dans cet état, lorsque l'action des organes du cerveau porte sur les nerfs des organes de la locomotion, l'individu marche; quand ce sont ceux de la voix qui sont excités, il parle, il chante, et enfin il entend quand l'excitation se manifeste au cerveau dans les nerfs acoustiques.

Il s'ensuit que le cerveau étant l'organe de l'âme et le siége des penchans, comme le développement d'un organe est en rapport avec son énergie (1), on peut acquérir une idée des facultés d'un sujet par l'inspection de son crâne.

Il est inouï qu'on rencontre un homme remarquable par des qualités supérieures sans trouver chez lui un très-grand développement d'une partie du cerveau.

(1) On reconnaît cette vérité, soit sur les fluides dont la fermentation est en rapport rigoureux avec la quantité, soit sur l'aimant, qui porte en l'air une masse de fer proportionnée à sa grandeur.

(SPURZHEIM.)

« Les anciens artistes, dit Spurzheim, semblent avoir senti que les fronts d'une grande dimension, relativement à la face, décèlent beaucoup de facultés intellectuelles; car ils ont donné aux têtes de leurs sages, à leurs dieux, surtout à Jupiter, un front développé.

» Toutefois ce n'est pas dans la proportion entre le crâne et la face, mais dans le développement du front lui-même, qu'il faut chercher le signe intérieur d'une intelligence supérieure; que la face soit petite ou grande, un individu, doué de hautes facultés de toute espèce, a le front grand. Léon X, Montaigne, Leibnitz, Mirabeau avaient le visage et le crâne volumineux; Bossuet, Voltaire, Kant avaient le visage petit et la tête grosse. »

Cette observation, vraie et irrécusable, souffre une modification quand il s'agit d'individus de genres différens, et à plus forte raison d'espèces différentes.

Chez la femme il paraît, par exemple, que le degré d'excitabilité naturelle est plus considérable que chez l'homme, et compense ainsi la différence du volume.

~~~~~~

CHAPITRE TROISIÈME.

Connais-toi toi-même.

PAUSANIAS.

Dans l'appréciation des facultés d'un individu quelconque, il faut se garder de confondre la capacité du
crâne et la grosseur de la tête ; c'est uniquement sur
cette partie dont on peut supposer la base formant
un plan passant par la racine du nez et le milieu de
l'oreille, que nos observations doivent se diriger. L'é-
tendue d'une ligne ainsi décrite donnera la mesure de la
masse cérébrale interne, et par conséquent une première
idée des capacités morales. On déterminera de même
l'arc qui part de la racine du nez et finit à la fossette du
cou en passant par le sommet de la tête, c'est ce qu'on
appelle la *périphérie*.

Les expériences qui donneront pour résultat une circonférence de vingt-un à vingt-deux pouces, et une
périphérie d'environ quinze pouces, laisseront présumer
chez les sujets un haut degré d'intelligence, ou du moins
la possibilité d'atteindre par la culture à la manifestation
de très-grandes facultés. Dix-huit à dix-neuf pouces de
circonférence, et treize à quatorze pouces de périphérie
ne dénotent qu'un esprit médiocre. Dix-neuf à vingt

pouces de circonférence et quatorze de périphérie offrent l'exemple de ces personnes qui possèdent une faculté très-développée, et une grande médiocrité sur toutes les autres. Au-dessous de cette mesure on ne trouve que des imbéciles ou des idiots.

Mais quand on veut arriver à une solution rigoureuse, et qu'il s'agit de toucher et de palper le crâne, il faut se garder de se servir du bout des doigts, car de cette manière on pourrait rencontrer des aspérités, des fissures, des exostoses sur la tête, qui donneraient infailliblement le change. Il faudra joindre les doigts et les passer et repasser avec la surface interne sur la surface de l'endroit où l'on cherche le signe extérieur d'un organe.

PLANCHE I, N° 1. — FACILITÉ A APPRENDRE LES LANGUES.

L'indice de cette faculté est dans les yeux, lorsqu'ils sont à la fois à fleur de tête, déprimés vers les joues, et qu'ils ressemblent à ce qu'on nomme vulgairement yeux pochetés.

Cette faculté est très-active dans l'enfance; les personnes qui la possèdent ont une aptitude remarquable à se familiariser avec les idiomes : tels étaient Baratier, Montaigne, Pic de la Mirandole, Milton, etc.

Lorsque cette faculté existe communément chez un sujet avec quelques facultés supérieures, elles produisent les génies universels, tels que Galilée, Bacon, Rabelais, Voltaire.

N° 2. — MÉMOIRE DES MOTS.

Cet organe est la partie centrale qui repose sur la moitié postérieure de la voûte de l'orbite.

Les animaux n'offrent aucune trace de cet organe, c'est par son activité que l'acteur, souvent stupide, parvient à se rappeler des rôles extrêmement longs.

Il arrive souvent qu'après certaines contusions à la tête on perd la mémoire des mots.

N° 3. — MÉMOIRE DES PERSONNES.

Les yeux à fleur de tête et un peu plus saillans annoncent cette qualité.

C'est elle qui donne aux animaux la faculté de reconnaître ce qui leur est le plus indispensable. C'est par son aide que le peintre atteint à la ressemblance.

N° 4. — SENS DES RAPPORTS DES NOMBRES.

Le siége de cet organe fait déborder l'angle de l'œil sur la partie antérieure des tempes.

Le docteur Gall pense que tout ce qui concerne les nombres appartient à la sphère d'activité de cette faculté, commune par conséquent aux grands mathématiciens et à ceux qui ne s'occupent ou qui n'ont de facilité que pour l'arithmétique.

Cet organe est assez généralement développé chez les Anglais.

N° 5. — TALENT DE LA PEINTURE.

Cet organe est placé un peu au-dessus du milieu de l'œil, la moitié extérieure de l'arcade sourcillière est plus relevée que la moitié interne.

Ce sens n'existe pas chez tous les hommes; on n'a jamais pu en trouver chez le docteur Unzer, lequel, à la vérité, ne saisissait jamais la différence du vert et du bleu. M. Spurzheim cite un homme d'Edimbourg qui, quoique aimant le dessin, fut obligé de renoncer à la peinture, parce qu'il ne pouvait pas discerner le rouge du vert.

N° 6. — COSMOPOLISME.

Cet organe est un peu au-dessus de l'arc formé par les sourcils.

Rien n'est plus intéressant que l'historique de la découverte de cet organe par le docteur Gall. Des faits nombreux ne laissent pas de doute sur sa réalité. Les animaux voyageurs offrent, dans leur organisation cérébrale, des analogies remarquables avec les hommes doués de ce sens.

Nous ajouterons à la série d'exemples allégués par le docteur Gall celui d'un homme de beaucoup d'esprit et d'éducation; son nom est Dufay. Tantôt dans les déserts de l'Amérique, tantôt dans l'Europe septentrionale, tantôt sous le ciel du midi, il porte sans cesse avec lui ce besoin de changer de lieu, sans que les privations de toutes sortes, la misère même, puissent le comprimer ou l'atténuer.

N° 7. — MÉMOIRE DES CHOSES, OU ÉDUCABILITÉ.

On trouvera le siége de cet organe à partir de la racine du nez jusqu'au milieu du front.

Plus la tête est bombée en avant, plus l'individu est perfectible. Tout le monde peut apprécier la différence qui existe entre les personnes qui ont le front fuyant en arrière, ce qui est la marque de l'imbécillité, et ceux qui présentent l'aspect contraire.

De tout temps on a distingué trois sortes de mémoires : celle des mots (*memoria verbalis*), celle des lieux (*localis*), et celle des choses (*realis*).

Les animaux donnent la preuve de cette dernière sorte de mémoire, qui est la seule dont l'énergie puisse conduire à la perfection des individus et des espèces; mais la répartition de cette disposition est extrêmement inégale : le chien la possède à un plus haut degré que le chat; le cheval plus que le bœuf; le barbet plus que le lévrier.

Les hommes les moins capables d'éducation et les animaux de domesticité sont ceux chez lesquels l'on remarque l'absence de cet organe.

N° 8. — SENS DE LA MÉCANIQUE, OU CONSTRUCTIVITÉ.

Immédiatement derrière l'organe de la musique, et au-dessus de celui des nombres, est le siége de cet organe, qu'il faut se garder de confondre avec le sens de la propriété. La base que forme cette protubérance a environ un pouce de diamètre.

Le sens de la mécanique comporte celui de l'architecture et des arts. C'est de la combinaison de cet organe avec celui des nombres que résulte le talent des mécaniques qui exigent de hauts calculs. Diverses autres combinaisons déterminent le talent de graveur, de peintre, de sculpteur, etc.

N° 9. — TALENT DE LA MUSIQUE.

Cet organe, étant situé à l'angle externe de l'œil, donne à la tête une apparence pour ainsi dire carrée quand il est très-développé.

L'existence de ce sens ne peut pas être mis en doute. On le trouve chez certains peuples plus généralement que chez d'autres.

Il se montre très-développé chez MM. Boïeldieu, Rossini et Reicha.

N° 10. — ESPRIT DE SAILLIE.

Deux protubérances en dehors de celle de l'esprit métaphysique constituent l'esprit de saillie.

Cette faculté est celle qui, considérant les objets d'une manière piquante, c'est-à-dire neuve, trouve entr'eux des rapports particuliers et une parfaite conformité entre l'expression et la pensée. Voltaire, Cervantes, Marot, Boileau, Rabelais, possédaient éminemment cette faculté.

Nº 11. — SAGACITÉ COMPARATIVE.

Cet organe est placé au haut du front, et y présente la base d'un cône dont le sommet se prolonge jusqu'au milieu du front.

On trouvera cet organe très-développé chez les personnes qui ont souvent recours aux comparaisons pour expliquer une difficulté, ou qui font fréquemment usage de cette figure dans leurs écrits.

Les enfans chez lesquels cet organe est très-développé préfèrent les fables, assure le docteur Gall, à tous les autres objets qu'on leur enseigne; il ajoute que le buste de La Fontaine montre qu'il avait cette partie du front très-développée. Solon, Caton, saint Thomas d'Aquin, saint François de Sales, offrent le même exemple.

Nº 12. — PENCHANT AU MEURTRE, OU DESTRUCTIVITÉ.

Le siége de cet organe est pour ainsi dire adjacent à l'oreille.

En comparant les crânes des animaux frugivores et ceux des carnassiers, le docteur Gall vit que cette partie du cerveau était très-bombée; il fit ensuite un grand nombre d'expériences qui le conduisirent à reconnaître l'existence de ce même penchant chez les hommes.

On a cru pouvoir combattre le docteur Gall sur ce penchant, qui, dit-on, n'est jamais que le résultat d'un autre penchant, parce que, lorsqu'un homme en tue un autre, c'est toujours par vengeance, haine ou jalousie, ou par suite de l'excitation de tout autre penchant extrêmement énergique; mais le célèbre et savant docteur appuie son affirmation de beaucoup de faits. Il cite notamment le comte Charolais, qui se plaisait à torturer les animaux, qui ensanglantait ses débauches, et que la tradition populaire accuse d'avoir tiré sur des couvreurs afin d'avoir le plaisir de les voir tomber du haut des toits. Il cite encore ce célèbre chef de bande qui exploitait la Hollande, lequel faisait précipiter dans les canaux de malheureux captifs, uniquement pour avoir la joie féroce de les voir lutter contre la mort et se noyer.

N° 15. — PENCHANT AU VOL, OU CONVOITIVITÉ.

On voit cet organe à partir de celui de la ruse jusqu'au sourcil.

L'histoire est pleine de faits qui établissent d'une manière irrécusable l'existence de ce penchant chez quelques hommes. Victor-Amédée I, roi de Sardaigne, volait tout ce qu'il trouvait; Handel, le célèbre musicien, était connu pour ce funeste penchant.

Des faits contemporains, cités dans la *Gazette des Tribunaux*, nous démontrent combien il est fréquent de le rencontrer.

Madame Hugens, actrice de la Gaîté, fut condamnée il y a deux années, pour vol de quelques morceaux d'étoffes chez un marchand de nouveautés. L'état de la for-

tune de cette demoiselle atteste que cette action ne fut
que le résultat d'un penchant irrésistible.

La mémoire du public parisien est encore fraîche du
procès de madame la comtesse de ****, condamnée
pour vol d'une *cassolette* en or chez un bijoutier du Pa-
lais-Royal; cette dame, qui a de la fortune, appartient à
une des plus riches familles de France, et, de plus, elle
a reçu une éducation très-brillante.

N° 14. — TALENT POÉTIQUE.

Un front perpendiculaire à partir du nez, puis fuyant
en s'étendant beaucoup latéralement, dénote le poète; le
siége de la protubérance est un peu au-dessus des tempes.

Poetæ nascuntur, on naît poète, nous dit l'antiquité.
Pour le coup, c'est une opinion générale; l'on convient
de l'innéité d'une faculté.

Il ne faut pas honorer du nom de poètes de simples
versificateurs. Beaucoup de prosateurs sont poètes, tels
que Fénelon, Le Tasse, Gessner dans sa *Mort d'Abel*,
Chateaubriand, Villemain, etc.

Le docteur Gall a trouvé cette organisation chez MM. An-
drieux, Lemercier et le spirituel Dupaty. Elle existe
aussi d'une manière remarquable chez Byron.

N° 15. — ESPRIT MÉTAPHYSIQUE.

Des deux côtés de l'organe de la sagacité comparative,

se trouvent les protubérances de l'esprit métaphysique; elles font bomber le front : on dirait deux segmens de sphère, placés à droite et à gauche. Socrate, Démocrite, Cicéron, Kant, Condillac, Diderot, etc., offrent l'exemple de cette protubérance.

N° 16. — ORGANE DE LA RUSE.

Son siége est au-dessus et un peu en avant de l'organe la destruction.

Ce fut sur un de ses amis, remarquable par ses finesses et ses ruses, que le docteur Gall découvrit le siége de ce penchant. Il faut prendre garde de le confondre avec celui de l'instinct du meurtre.

Il est très-apparent chez le cerf, le renard et le singe. Les portraits de Caracalla, de Catherine de Médicis, offrent l'exemple de cette organisation.

N° 17. — VISION, FANATISME MERVEILLEUX.

Cet organe est près de celui de la poésie et de celui de la musique. On voit beaucoup de gens instruits ne pouvoir se dérober à la puissance des visions. Ils sont le jouet d'une activité trop énergique de cette partie du cerveau : tels ont été saint Ignace, Jeanne-d'Arc, Ravaillac, etc.

N° 18. — FACULTÉ D'IMITER.

Cet organe est en arrière et à côté de celui de la bonté ou bienveillance. Cette faculté, chez quelques acteurs, est très-énergique ; Garrick la possédait à un haut degré ; on la découvre chez Molé, Lekain, miss Siddons Fleury, etc.

N° 19. — BONTÉ, DOUCEUR.

Cet organe est presque au-dessus de la naissance des cheveux, à la partie supérieure de l'os frontal.

La nature ayant prédestiné les hommes à vivre en société, a dû faire naître chez eux un grand lien par le moyen d'un principe sympathique. C'est par l'effet de ce sentiment que nous partageons et secourons les maux d'autrui. Il est donc essentiel ; son absence chez certains sujets les rend pour ainsi dire insociables. Sous ce point de vue, les malheurs qui frappent l'homme heureux sont quelquefois salutaires, en le faisant sortir de son indifférence et compatir aux souffrances d'autrui. Il faut avoir été malade pour apprécier la santé, pauvre pour apprécier la fortune.

N° 20. — ORGANE DE L'AMOUR PHYSIQUE, OU AMATIVITÉ.

On trouvera le siége de cet organe, ainsi que l'indique

la planche n° 1, au-dessus et derrière le cou. La largeur de la nuque laisse supposer qu'il est très-développé.

C'est peut-être le point de la doctrine en faveur duquel le docteur Gall a réuni le plus de preuves.

Quelques autorités historiques, et une foule d'observations faites sur le règne animal, semblent le justifier dans sa détermination du siége de ce penchant : Hippocrate assure que les Scythes se rendaient impuissans en se coupant les veines qui sont derrière les oreilles.

Les taureaux, les étalons et les béliers sont d'autant plus ardens que leur nuque est plus large.

On aurait donc tort d'attribuer aux instrumens exécuteurs ce qui est dû aux organes législateurs, de même que d'attribuer un tableau à la main du peintre ou à ses yeux. On a vu d'ailleurs des enfans, des castrats, des jeunes femmes dont l'organisation était incomplète, ne pouvoir pas maîtriser le penchant de l'amour physique.

N° 21. — ORGANE DE LA PROGÉNITURE.

Cet organe se trouve un peu au-dessus de l'organe de l'amativité.

Cet instinct se remarque également chez tous les animaux; mais chez les femelles il est beaucoup plus développé; ainsi l'éducation, le bien-être, la vie des petits, ne sont pas confiés, comme on le croit, à des motifs d'intérêt personnel : Dieu a assuré leur sort sur des bases moins faillibles.

On aurait tort de considérer cet instinct comme une

extension du penchant de l'amour physique. Le coq, le chien, le cerf, chez lesquels celui-ci est très-développé, ne portent aucun intérêt aux petits.

Sur vingt-sept infanticides que le docteur Gall a eu l'occasion de voir, vingt-cinq n'avaient aucun développement de cet organe.

N° 22. — ORGANE DE L'ATTACHEMENT, OU AFFECTIONIVITÉ.

Cet organe est double comme celui de l'amativité.

Ce fut sur la tête d'une femme que le docteur Gall découvrit d'abord cet organe.

Il est bien difficile de nier l'existence du penchant de l'amitié. Il existe chez des animaux, chez des hommes, sans qu'aucun intérêt personnel ou réciproque puisse être soupçonné. Un chien reste souvent attaché à son maître en dépit des plus mauvais traitemens. On a vu des brigands, pour qui le parjure et tous les crimes étaient un jeu, aimer mieux mourir que trahir leurs camarades !

M. Spurzheim pense que, d'après l'existence de ce penchant, la société et le mariage ne sont pas l'effet de la réflexion seule, mais des institutions de la nature.

N° 23. — ORGANE DU COURAGE, OU COMBATIVITÉ.

Au niveau des oreilles se trouve le siége de cet organe. Il se confirme chez les animaux les plus braves, tels que le chien, le taureau, le lion, etc.

Il paraît que les statuaires de l'antiquité avaient connu cette forme particulière de la tête, car les gladiateurs, et généralement tous les héros que leur ciseau a immortalisés, présentent à l'endroit indiqué un grand développement de la masse cérébrale.

※

N° 24. — AMBITION.

Cet organe très-développé donne à la tête beaucoup d'ampleur par derrière.

Le docteur Gall pense que la vanité, l'ambition et l'amour de la gloire ne sont que des modifications d'un seul et même sentiment. Ainsi, il place au même rang l'amour de la parure chez une femme, celui des emplois et des honneurs chez l'homme d'État, et celui des combats chez le soldat.

Chez les animaux ce sentiment c'est l'amour de l'approbation.

※

N° 25. — ORGUEIL.

Derrière le sommet de la tête, et un peu au-dessous, est le siége de cet instinct.

A une époque où le docteur Gall réfléchissait aux causes qui, indépendamment des revers de la fortune, pouvaient réduire un homme à la mendicité, il eut occasion de voir un mendiant dont les manières nobles et faciles attirèrent son attention. Cet homme lui avoua que, fils d'un riche négociant dont il avait hérité, il avait été toujours trop fier pour se déterminer au travail, et que l'excès de son orgueil avait été cause de sa misère. Le docteur fit mouler sa tête, et cet organe se montra à l'endroit indiqué avec un développement extraordinaire. Fierté, orgueil, arrogance, dédain, suffisance, présomption, insolence, dérivent de la même source.

✸✸✸

N° 26. — CIRCONSPECTION, PRÉVOYANCE.

Cet organe se trouve presque au-dessus de la protubérance de la ruse.

L'instinct de la circonspection et de la prévoyance met l'homme en état de calculer les résultats d'une action ou d'un événement.

Combien de fois ne rencontrons-nous pas dans la société, dans les relations d'affaires, des êtres qui, craignant de se compromettre, font cent circonvolutions avant d'arriver à un but, parlent avec lenteur, s'interrogent, s'arrêtent, reprennent sans jamais conclure; chez eux cet organe est très-développé.

Les personnes douées de cette qualité à un haut degré sont toujours tourmentées par la méfiance, et les soupçons se cachent, se mettent à l'abri des regards. Tel a été Louis XI.

Chez les animaux qui se distinguent par leur circonspection, le docteur Gall a trouvé très-développée la partie cérébrale qui correspond au même organe chez l'homme.

✸✸✸

No 27. — FERMETÉ, CARACTÈRE.

Cet organe est sur la même ligne, en arrière de l'organe de la vénération.

La fermeté, selon le docteur Gall, n'est ni un penchant ni une faculté, c'est une manière d'être qui donne à l'homme une empreinte particulière que l'on appelle caractère. Celui, continue-t-il, qui en manque, est à la merci des circonstances extérieures.

M. Spurzheim a vu dans une prison un homme qui joua le muet pendant un an : cet homme était doué assurément d'une grande fermeté.

La fermeté et l'opiniâtreté dérivent de la même source.

No 28. — VÉNÉRATION, DIEU, LA RELIGION.

Les têtes qui vont s'élevant jusqu'au sommet et y présentent une proéminence, sont la cause organique de la vénération.

Cette disposition est plus fréquente chez les femmes ; les anciens artistes ont représenté les prêtres avec des têtes ainsi conformées.

Cette disposition est funeste lorsqu'elle est jointe au penchant au meurtre.

En considérant la tête des hommes qui se sont fait connaître par leur attachement aux idées religieuses, on trouvera toujours chez eux ce signe très-développé ; saint Bernard, Charles I, saint Bruno, Louis XIII, Bourdaloue, Mallebranche l'attestent.

N° 29. — **ESPRIT D'INDUCTION, TÊTE PHILOSOPHIQUE.**

Ainsi que le démontre Gall, les protubérances de cet organe sont au-dessus de l'esprit de saillie.

Cette faculté et son organe sont d'autant plus développés que la mémoire est grande; c'est la plus élevée dans l'ordre de l'intelligence; et c'est par son moyen que l'homme cherche la sagesse du monde, et qu'il embrasse un vaste champ d'observations. Cette faculté est pour ainsi dire refusée aux femmes; aussi Cabanis assure-t-il que les femmes savantes ne savent rien, qu'elles brouillent et confondent tous les objets, toutes les idées.

———

La confirmation de l'influence immense de l'organologie peut se rencontrer encore dans l'accord qui existe entre la forme des têtes et le caractère moral et intellectuel des nations, car il n'est pas de nuances bien tranchées entre les divers peuples de la terre, sans qu'ils n'offrent des différences analogues dans la conformation du crâne. Cette considération vraiment importante, par laquelle nous terminons, est développée par le docteur Gall avec une éloquence persuasive et entourée de faits et d'inductions péremptoires. « Le Nègre, inférieur à l'Eu-
» ropéen pour les facultés intellectuelles, a, généralement
» parlant, la tête plus petite. Les Anglais et les Français
» ont moins de dispositions pour la musique que les Ita-
» liens, et les Allemands ont aussi l'organe des sons moins
» développé. On peut encore expliquer, en comparant les

» formes des têtes, pourquoi généralement les Anglais et
» les Allemands sont disposés à rechercher la liaison entre
» la cause et l'effet, tandis que les Français s'en tiennent
» aux faits individuels, et méprisent les abstractions et les
» généralisations, etc. »

Planche II. — Lalande a de très-bonne heure manifesté du goût pour les mathématiques. Ses parens, voulant le détourner de cette science, l'envoyèrent à Paris pour y faire son droit; mais il ne s'y occupa que d'astronomie.

Il fut chargé, à l'âge de vingt ans, de l'importante mission d'aller déterminer, au cap de Bonne-Espérance, la distance de la lune à la terre. De retour de ce voyage on le nomma membre de l'Académie des sciences.

Non moins célèbre que Copernic, Kepler, Badley, Mayer et Lacaille, Lalande s'est surtout distingué comme habile professeur.

Dominé par son penchant, peu de temps avant sa mort, il eut la constance de se tenir toute une soirée sur le Pont-Neuf pour faire voir aux curieux les variations de l'éclat de l'étoile *Algol*, et de publier dans les journaux qu'un *astronome* serait tous les soirs au même endroit pour montrer ce phénomène!!

On voit par le portrait de Lalande combien l'organe du calcul était développé chez lui.

Planche III. — M. Reicha. Ses dispositions pour la musique intéressèrent, jeune encore, Haydn et Mozart en sa faveur, et ils le formèrent à l'art de la composition. Lorsqu'il fut appelé du fond de l'Allemagne pour venir remplacer le célèbre Méhul, comme professeur au Conservatoire, il avait déjà publié quatre-vingt-trois œuvres musicales.

M. Reicha est auteur d'un Traité de mélodie qui renferme une théorie complète du véritable rhythme musical ; mais ses plus beaux titres de gloire sont ses quintetti si riches de verve, de science et de grâces !!

PLANCHE IV — Garrick. Ses gestes, sa physionomie, ses regards étaient si éloquens, si persuasifs, si naturels, qu'il savait se faire entendre de ceux mêmes qui ne comprenaient pas la langue dans laquelle il s'exprimait.

On rapporte que se trouvant dans un salon pendant son séjour en France, où il fut prié de raconter une aventure dont il avait été le témoin : « Un père, commença-» t-il, berçait son enfant auprès d'une fenêtre qui était ou-» verte ; par malheur l'enfant tomba de ses bras dans la » rue, et mourut sur-le-champ. Il n'est pas nécessaire de » dire quel fut le langage du père ; on peut le deviner, » c'était le langage de la nature. » A l'instant, Garrick se mit dans l'attitude où il avait vu le père, et l'effet que produisit cette imitation fut tel que des cris spontanés furent proférés par tous les assistans.

C'est à lui que l'on doit le portrait de Fielding. On regrettait que cet homme célèbre eût négligé de se faire peindre. Garrick, ayant vécu familièrement avec lui, dit qu'il suppléerait à cette perte. Composant aussitôt son visage, il imita si parfaitement celui de Fielding, qu'il y avait à s'y tromper. On le peignit, et jamais portrait ne fut plus ressemblant.

Planche V. — Rubens laissa éclater dès son enfance
de telles dispositions pour l'art de la peinture, que ses
parens se hâtèrent de le mettre entre les mains des plus
habiles maîtres. Après quatre ans d'étude, il se montra
supérieur à tous ceux qui lui avaient donné des leçons.

Son tableau du *Christ mis en croix* est celui dans lequel
il a déployé la plus grande richesse de coloris, et c'est en
quoi il excellait.

Reynolds dit « que l'éclat séduisant et la magie du co-
» loris de Rubens éblouissent à un tel point la .vue, qu'aus-
» sitôt qu'on a ses ouvrages devant les yeux , on ne peut
» s'empêcher de croire que ses beautés rachètent ample-
» ment ses défauts. »

Planche VI. — Vandick. Le mérite particulier de cet
artiste est dans la vérité frappante de ses portraits. Peu
de maîtres se sont attachés à imiter la nature avec autant
de fidélité. La tête de Vandick offre un exemple très-re-
marquable de l'existence de l'organe de la configuration.
Ses yeux sont éloignés de la racine du nez, et poussés
vers l'angle externe de l'orbite. En la comparant à celle
de Rubens, qui possédait cette force dans un moindre
degré, on voit en effet que les yeux du dernier sont plus
rapprochés l'un de l'autre.

Planche VII. — Rabelais. Espèce de Diogène, dont
Swift l'Anglais n'est qu'une copie. Son esprit enjoué et
facétieux se manifesta de très-bonne heure, et lui procura
de puissans protecteurs, dont le crédit lui fut souvent
utile. Ses saillies et sa conduite légère le firent renvoyer
du monastère de Fontenay-le-Comte. Plus tard on

l'admit à l'ordination, ce qui ne l'empêcha pas, à la suite
de quelques nouvelles extravagances, de quitter l'habit
religieux ; mais, en 1545, une bulle d'absolution l'ayant
réintégré, il obtint la cure de Meudon, où il mourut
comme il avait vécu.

PLANCHE VIII. — Piron n'est pas moins célèbre par la
licence de ses mœurs que par son talent poétique. De
bonne heure, son penchant au libertinage s'étant manifesté, il se livra à des compositions obscènes, dans lesquelles il semblait se complaire, et qui lui attirèrent le
reproche non-seulement de ses parens, mais de tous les
habitans respectables de Dijon, sa ville natale ; aussi fut-
il contraint de la quitter. On s'est étonné avec raison que
Piron, abandonné aux mœurs les plus dissolues, aux plus
dégoûtantes orgies, et dont l'imagination était salie par les
images les plus obscènes, ait pu s'élever jusqu'à la con-
ception de la *Métromanie*. La doctrine de la pluralité des
organes cérébraux peut seule donner l'explication de ce
phénomène ; c'est qu'indépendamment de l'organe de
l'amour physique, qui était prodigieusement développé
chez Piron, celui de la poésie existait à un très-grand
degré, quoique moindre cependant que le premier. Aussi
l'amour physique a-t-il été le penchant le plus dominant
qu'il ait manifesté.

PLANCHE IX. — La seule richesse que le Tasse ait reçue
de son père, son génie poétique, se manifesta dès l'enfance. Les historiens de sa vie racontent qu'il fut poète
en sortant du berceau ; étant au collége, il étonnait ses
maîtres par la rapidité de ses progrès, fort au-dessus de la

capacité de son âge; car il écrivait aussi bien en vers qu'en prose. On a conservé de lui une pièce fort touchante qu'il adressa à sa mère à l'âge de neuf ans, quand il fut obligé de quitter Naples pour suivre son père dans son exil : à dix-sept ans, il composa son poème de *Renaud*, tout plein de grâces naïves et d'imagination chevaleresque, et portait déjà dans la pensée la méditation du grand ouvrage de la *Jérusalem délivrée*, qu'il publia à vingt-deux ans.

PLANCHE X. — Kant a passé sa vie entière dans la méditation des lois de l'intelligence humaine. Les divers systèmes publiés par ce philosophe, occupent depuis vingt-cinq ans, toutes les têtes pensantes de l'Allemagne, et tout ce qui s'y est fait depuis en littérature, en morale et en philosophie, vient de l'impulsion donnée par la lecture de ses ouvrages.

PLANCHE XI. — Catherine de Médicis porta sur le trône de France une dissimulation profonde. Un des moyens artificieux auxquels elle recourait souvent était de faire séduire, par ses filles d'honneur, ceux qu'elle voulait attirer dans son parti. Après avoir beaucoup promis aux protestans, dans le but unique de s'en servir contre la puissance de François II, se voyant maîtresse du gouvernement par la mort de son fils, elle eut recours à la Saint-Barthélemy pour se tirer d'affaire.

Pour perdre et brouiller ceux qu'elle soupçonnait ne lui être pas dévoués, Catherine avait sans cesse recours aux nouvelles ruses que son génie particulier enfantait avec une incroyable facilité.

PLANCHE XII. — Sanches , marquis de Villalba , mort en Espagne en 1820, est un des exemples les plus frappans du penchant au meurtre.

Encore enfant, il voyait couler le sang avec une joie indicible , il torturait les animaux et blessait ses camarades. Dans l'adolescence , sa soif du sang devint plus vive , il passait des heures entières à contempler la pointe de son poignard.... Plus tard il abandonna sa famille, et devint le chef d'une bande qui ravagea long-temps les environs de Cadix. On affirme qu'étant sur l'échafaud il demanda, comme une dernière grâce, qu'on lui déliât les mains pour qu'il pût les joindre et implorer Dieu, et que, ce desir ayant été satisfait, il plongea, en éclatant de rire, un stylet, caché sous ses vêtemens, dans le sein du moine qui venait l'assister.

PLANCHE XIII. — C. Colomb. Jamais peut-être le goût des voyages ne fut plus vif qu'il l'a été chez Colomb.

Étant à Pavie pour faire ses études , il les interrompit brusquement dans le but d'aller se livrer à la navigation. Toute sa vie atteste que ce fut là son goût dominant, car à peine eut-il échappé aux dangers qu'il avait essuyés pendant le cours de sa première tentative sur l'océan Atlantique , qu'il partit de nouveau pour achever ses découvertes dans le Nouveau-Monde. Il s'exposa successivement quatre fois aux mêmes périls, quoique ses voyages ne lui enfantassent que des tourmens, et qu'il fût en proie aux douleurs les plus aiguës de la goutte; mais voyager était pour lui un besoin qu'il ne pouvait vaincre, et qui causa cependant tous les malheurs de sa vie.

PLANCHE XIV. — Pierre-le-Grand. Le courage inné de ce monarque développa de bonne heure chez lui le goût des exercices militaires.

La crainte fut toujours étrangère à son âme, et telle était la confiance qu'il avait en lui-même, que, pour mieux donner l'exemple de la valeur à ses soldats, il prit le rang de tambour dans son armée, et voulut expressément que sa promotion aux divers grades qu'il y avait à parcourir pour arriver au commandement en chef, fût le fruit ou plutôt la récompense de ses hauts faits. Il est facile de comprendre l'enthousiasme que ce grand génie inspira à ses troupes : aussi défit-il à Pultawa l'homme de guerre le plus intrépide de son siècle, Charles XII, que son courage extraordinaire et son habileté rendaient seul digne de se mesurer avec Pierre-le-Grand.

PLANCHE XV. — Van-Swieten. Peu s'en fallut que son ardeur au travail ne fût cause de sa mort. Il conserva une espèce d'affection cérébrale qui l'obligea de suspendre, pour quelques années, le cours de ses occupations. Van-Swieten était doué d'une si prodigieuse facilité à retenir, qu'il avait toujours à sa disposition les noms de tous les corps qui composent les trois règnes de la nature, et savait en outre sept langues, dans lesquelles il écrivait également bien. Avec une aussi grande mémoire, il n'atteignit jamais aux hauteurs de la philosophie, qui exige la mémoire des choses et non celle des mots, qui était plus active chez Van-Swieten.

PLANCHE XVI. —Saint Bruno. Pour se dérober au

commerce des hommes, dont il ne pouvait voir les désordres, saint Bruno alla fonder l'*ordre des chartreux* au désert connu sous le nom de la Chartreuse. Là, portant un rude cilice, et affligeant son corps par des jeûnes presque continus, il passa de longues années à prier.

Urbain II, son élève, parvenu au pontificat, voulut avoir son maître auprès de lui pour l'aider à supporter la tiare. Saint Bruno y consentit d'abord, mais il ne put se résoudre à demeurer à la cour du chef de l'Église, et quitta le monde une seconde fois pour aller fonder une nouvelle chartreuse dans la solitude *della Torre*, en Calabre, où il reprit un genre de vie plus conforme à ses idées religieuses.

PLANCHE XVII. — M* N. s'était si tendrement attachée à une personne de son âge, que ni le mariage ni les sollicitations de sa mère ne purent la résoudre à s'éloigner d'elle. Son amie étant morte au moment où elle s'y attendait le moins..., elle ne donna aucun signe de douleur, et parut même résignée à ce coup, qu'on avait tant redouté pour elle; mais le lendemain dans la nuit, après avoir écrit ses adieux à tous ses parens, elle se suicida, ne pouvant survivre à la perte de son amie.

PLANCHE XVIII. — Lhopital. Brantôme, dit de Lhopital, ne put s'empêcher d'éprouver une sorte de vénération à l'aspect du chancelier dont la renommée exaltait les vertus.

Lhopital, étant appelé au pouvoir employa, toutes les ressources de son éloquence pour obtenir de salutaires réformes. Persévérant dans le bien, il se montra toujours le plus opiniâtre des hommes, quand il fallut lutter contre l'arbitraire et l'injustice.

La reine lui ayant retiré sa faveur, de Lhopital, sans fortune, quitta la place qu'il avait remplie pendant si long-temps avec tant de bonté et de fermeté, pour aller se fixer à la campagne, s'y livrer à des occupations agricoles et à l'éducation de ses petits-fils.

Planche XIX. — Victor-Amédée, 1er roi de Sardaigne, fut l'objet d'une affection particulière pendant son enfance. On tourna de bonne heure son éducation vers l'austérité des idées religieuses; on dit même qu'il montrait assez de sagacité dans l'examen des principes de la morale, ce qui ne l'empêchait pas de succomber au désir d'enlever furtivement tous les objets qu'il trouvait, de quelque importance qu'ils fussent d'ailleurs. Parvenu au trône, ce penchant ne perdit rien de son énergie : il continua à s'emparer du bien d'autrui.

FIN.

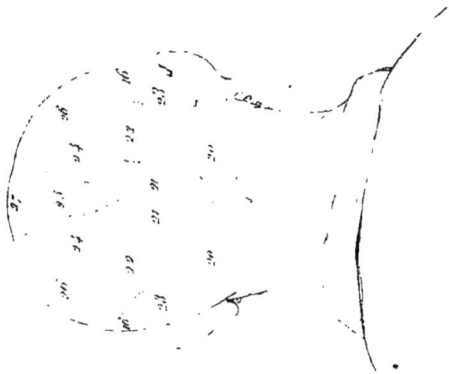

A. Riou.

PL. V.

PL. VI.

PL. VII.

L. Ribault. sc

Pl. X.

A. Ribault

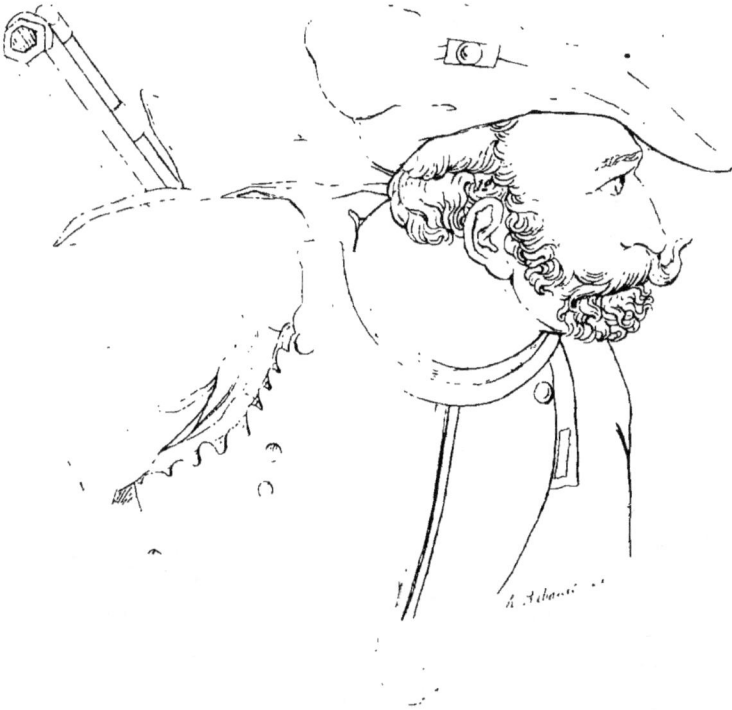

h. Alhani

A. Richer

PL. XVI.

28

S. Mifaut.

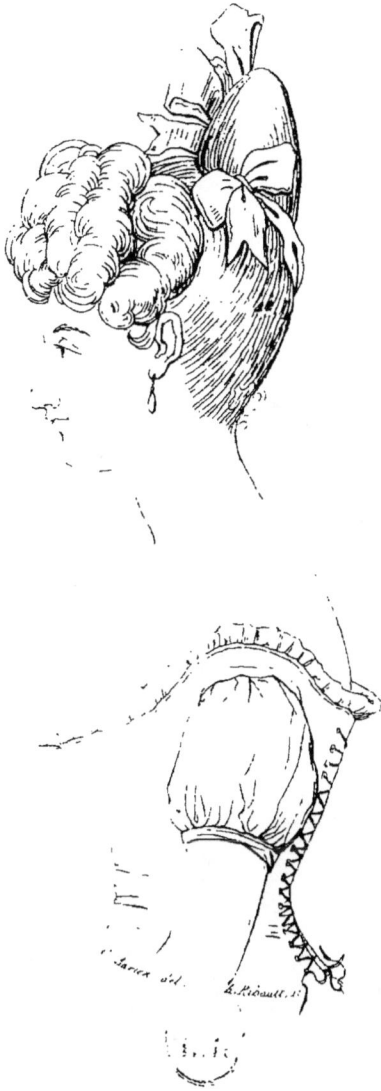

A. Ricault sc.

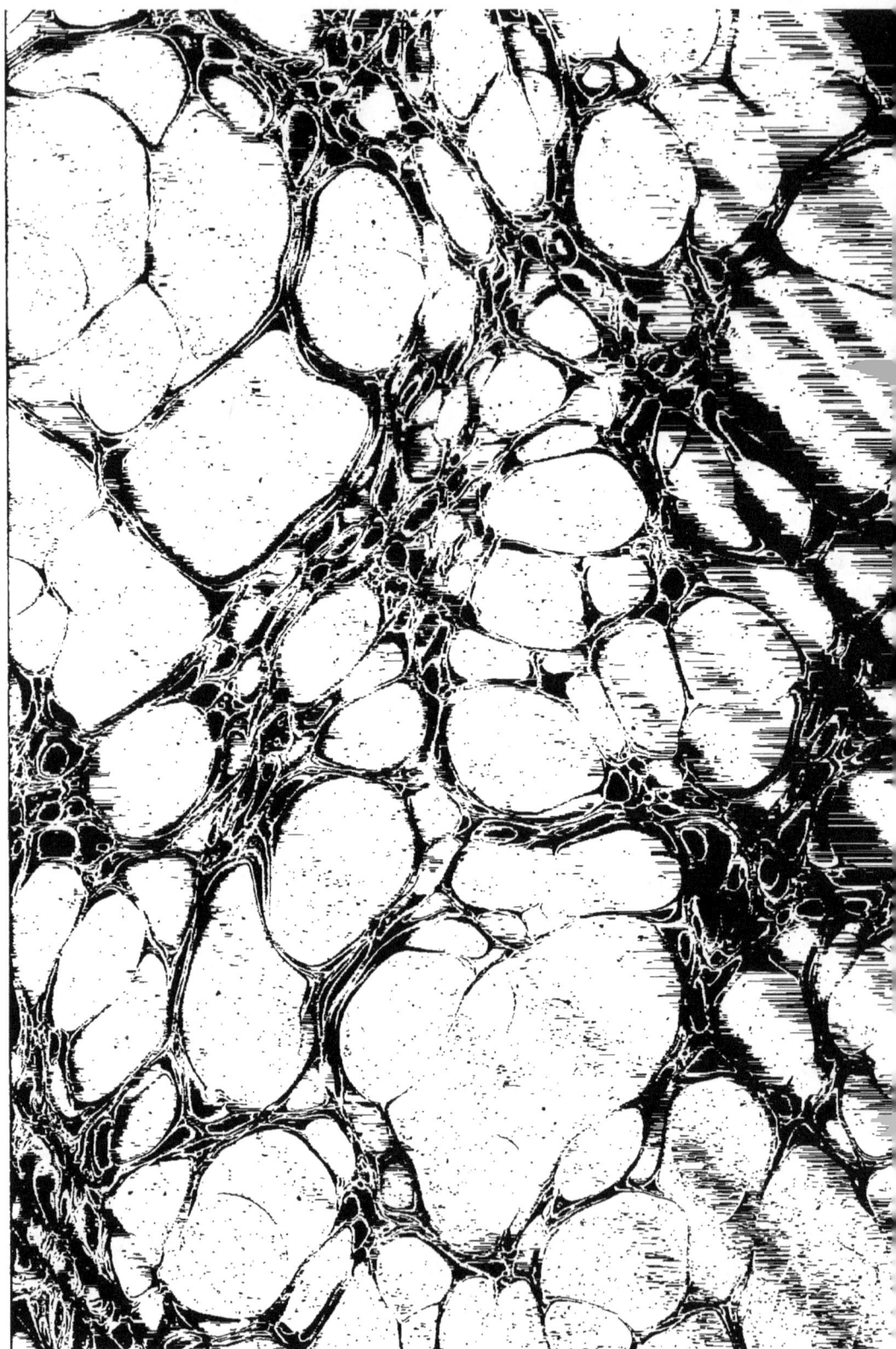

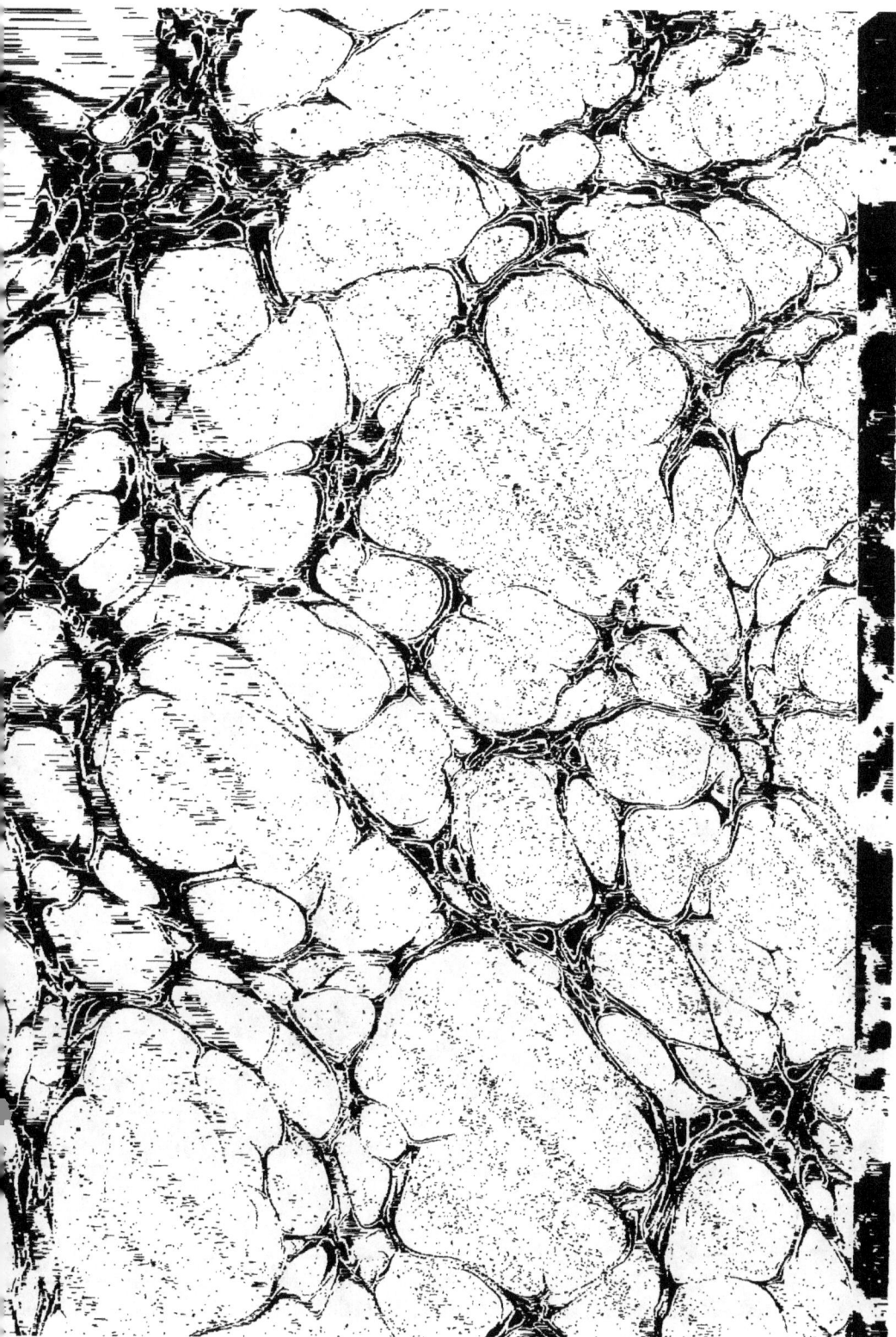

www.ingramcontent.com/pod-product-compliance
Lightning Source LLC
Chambersburg PA
CBHW060642100426
42744CB00008B/1727